Phil Bosmans

Nimm dir Zeit zum Glücklichsein

PHIL BOSMANS

Nimm dir Zeit zum Glücklichsein

Brevier für jeden Tag

Herder
Freiburg · Basel · Wien

JANUAR

Ich wünsche dir
den Mut der Morgensonne
die über dem Mist der Welt
dennoch Tag für Tag
neu aufgeht.

Mut ist
eine kostbare Gabe.
Ohne Mut können wir
nicht leben
und nicht lachen.

Wenn wir sagen:
Hab Mut!,
sagen wir zugleich:
Du bist nicht allein.

JANUAR

1

365 mal neu anfangen.
Nicht müde werden,
für einander Sonne zu sein,
Tag für Tag.

2

Wir sitzen im selben Boot.
Laßt uns zusammen fahren.
Eine zweite Arche Noah
bekommen wir nicht.

3

Zeit ist keine Schnellstraße
zwischen Wiege und Grab,
sondern Platz
zum Parken in der Sonne.

4

Sei wie ein Licht,
das durch die Nacht wandert
und auf seinem Weg
erloschene Sterne wieder anzündet.

DATEN

JANUAR

5

Denk daran:
Du lebst nicht für die Wirtschaft,
für die Produktion,
für Bankkonto und Supermarkt.

6

Mit Geld kannst du
Beziehungen kaufen,
aber keine Freundschaft.
Mit Geld öffnet sich dir jede Tür,
nur nicht die Tür zum Herzen.

7

Vollgestopft mit Wissenschaft
und Technik begreifen wir heute,
daß der Verstand allein
die Leute nicht klug macht.

8

Glück ist unbezahlbar.
Viele sind unglücklich,
nur weil sie meinen,
Glück könne man kaufen.

DATEN

___

___

___

JANUAR

9

Weiß ich noch,
daß ich gemacht bin
für die Freude?

10

Computer haben kein Herz.
In Händen von Menschen ohne Herz
werden sie gefährlich.

11

Die Gier nach Besitz
macht Menschen besessen.

12

In Kinderaugen leuchtet
eine frohe Botschaft.
In Kinderherzen liegt eine Erinnerung
an das verlorene Paradies.

DATEN

JANUAR

13

Den tiefsten Kern der Dinge
entdeckst du
mit dem Herzen.

14

Das Glück ist kein bunter Falter,
hinter dem du her sein mußt.
Das Glück ist wie ein Schatten:
Es folgt dir,
wenn du nicht daran denkst.

15

Ich glaube an das Gute,
auch wenn so viele Menschen
von Bösem heimgesucht werden.

16

Man muß kein Superoptimist sein,
aber wer immer schwarzsieht,
für den geht die Sonne
am Morgen unter.

DATEN

JANUAR

17

Wir können die Wüste
nicht auf einmal verändern,
aber wir können anfangen
mit einer kleinen Oase.

18

Ich stehe sprachlos vor dem Mut,
den einfache Menschen aufbringen
angesichts von Schmerz und Leid.

19

Wie können wir
jemals glücklich werden,
wenn wir immer alles
von den anderen erwarten?

20

Es gibt Menschen,
die Licht weitergeben.
Es gibt Menschen,
die alles finster machen.

DATEN

JANUAR

21

Heimweh
nach dem verlorenen Paradies
ist dem Menschen
ins Herz geschrieben.

22

Man kann Gott totschweigen.
Man kann Gott auch totreden.

23

Zieh Zärtlichkeit und Güte an
für die Menschen um dich,
und laß keinen in der Kälte stehen.

24

Es wird verhängnisvoll,
wenn Menschen kein Herz haben,
sondern nur ein Portemonnaie
oder eine Faust in der Tasche.

DATEN

JANUAR

25

Das ist die Tragik dieser Zeit,
daß der Mensch so viel machen kann
und daß er so geistlos dabei ist.

26

Die Erfindungen unseres Jahrhunderts
sind vor allem Erfindungen
an Schnelligkeit,
nicht an Weisheit.

27

Ich glaube: Mit Gott fängt alles Gute an.
In allem, was lebt, hat er
eine Spur seiner Liebe hinterlassen.
In jedem Grashalm
entdecke ich seine Handschrift.

28

Das Herz kann nur
von Güte und Liebe leben.
Ohne sie verkümmert es.

DATEN

___

___

___

JANUAR

29

Manchmal werden Menschen
im Namen von
hochheiligen Prinzipien
kaltgestellt und liegengelassen.

30

Von allem Leid in der Welt
fügen sich die Menschen
neunzig Prozent selbst zu.

31

Glück kann man nicht kaufen.
Zum Glück.

DATEN

FEBRUAR

Ianche Menschen können nicht mehr
n die Sonne glauben, wenn es einmal Nacht ist.
nnen fehlt das bißchen Geduld,
u warten, bis der Morgen kommt.
Venn du im Dunkel sitzt, schau nach oben,
o die Sonne auf dich wartet.

FEBRUAR

1

Für jedes Stück Brot,
das ich esse,
hat jemand ein Saatkorn
in die Erde gelegt.

2

Wenn die Lichter
der Menschen verlöschen
und der Lärm der Welt verstummt,
dann scheinen die Sterne,
und du hörst wieder die Stille.

3

Menschen brauchen
die Wärme einer großen Liebe,
um Mensch zu werden.

4

Sag auch mal: Ich hab genug.
Du erstickst am Zuviel.
Der Habgierige ist nie zufrieden.

DATEN

____

____

____

FEBRUAR

5

Die schönsten Augenblicke
im Leben sind nicht zu machen.
Sie kommen über uns.

6

Wenn du einen siehst,
den du gern hast,
siehst du immer mehr,
als was deine Augen sehen.

7

Glück ist zerbrechlich.
Es geht in gläsernen Schuhen.

8

Sozialbürokratie:
Wenn alles gesagt und notiert ist,
schließt sie die Akte und wartet
auf das nächste Schlachtopfer.

DATEN

______

______

______

FEBRUAR

9

Es gibt die Geschichte
der stillen Güte und Freundschaft.
Sie wird gemacht
durch kleine gewöhnliche Menschen.

10

Dünne Liebe sieht überall
dicke Fehler.

11

Das Wörtchen „Dienst"
ist hohl geworden.
Heute sind soziale Dienste
eine teure Angelegenheit.

12

Eine Maske zu Karneval – okay.
Aber wechsle nicht dein Gesicht,
so wie du dein Hemd wechselst.

DATEN

____

____

____

FEBRUAR

13

Fasten: die beste Therapie
für Wohlstandsmenschen.
Ein Prozeß der Entschlackung,
der Entmaterialisierung,
der Befreiung.

14

Das Leben ist viel zu kurz
und unsere Welt viel zu klein,
um daraus ein Schlachtfeld zu machen.

15

Vor dem Fernseher einschlafen
ist manchmal das höchste Lob
für das Programm.

16

Fasten macht frei vom Teufelskreis:
mehr haben wollen, mehr verdienen,
mehr kaufen, mehr verbrauchen.

DATEN

FEBRUAR

17

Blumen sind dazu da,
um schön zu sein.
Menschen sind dazu da,
um gut zu sein.

18

Wer den Geist unterdrückt,
erstickt die Lebenswurzel des Menschen.
Denken und Fühlen entarten,
das Innere des Menschen verkommt.

19

Von allen Fanatismen
ist der religiöse Fanatismus
der gefährlichste
und der unchristlichste.

20

Ich will nicht größer sein,
als ich bin,
um die Menschen
nicht kleiner zu machen,
als sie sind.

DATEN

FEBRUAR

21

Himmlisch ist die Erde,
wenn ihr einander die Treue haltet
und euch den Raum gewährt,
so und nicht anders zu sein.

22

Zum Glück der Menschen
ist Weisheit
wichtiger als Wissenschaft.

23

Für einen Menschen
nimm dir Zeit,
und sieh nicht auf die Uhr.

24

Im Fernsehen Bilder von Gewalt,
von umgebrachten Menschen.
Ich schäme mich,
zu der Sorte Lebewesen zu gehören,
die sich „Mensch“ nennt.

DATEN

FEBRUAR

25

Du wirst nicht größer,
wenn du andere kleiner machst.
Nur ein kümmerlicher Gernegroß
macht andere kleiner.

26

Himmelschreiend:
Ein Vater legt sein Neugeborenes
in einen Pappkarton,
nebenan hält sich der Reiche
Luxuspferde in klimatisierten Ställen.

27

Bei den Armen geht der Mensch vor.
Bei den Reichen gehen die Dinge vor.

28

Wenn sich das Licht
in einem Herzen verdunkelt,
wird die ganze Welt finster.

DATEN

FEBRUAR

29

Sag danke, kleiner Mensch,
für den Strom der Liebe,
der in der Stille durch die Welt geht.

DATEN

MÄRZ

ır Großen, schaut einmal auf die Kinder.
mpfangt die Augen eines Kindes,
m das Leben anders zu sehen.
mpfangt den Traum eines Kindes
nd seine Freude an den kleinen Dingen.
)as ist herrlich: spielen, einfach leben.

MÄRZ

1

Um selber besser zu werden,
mußt du nicht
auf eine bessere Welt warten.

2

Glaube an das Gute,
das in deinem Herzen schlummert.
Und suche jeden Tag, aus Gottes Hand
ein Stückchen Sonne anzunehmen.

3

Suche die Stille.
Dring in ihr Geheimnis ein.
Hier erfährt dein Herz die Antworten,
die der Verstand nicht finden kann.

4

Weil Menschen an das Paradies glauben,
wird ihnen das Paradies
zum Kauf angeboten,
alles glänzend in Plastik verpackt.

DATEN

MÄRZ

5

Menschen glücklich machen
ist der Traum
glücklicher Menschen.

6

Liebe:
Wärme geben,
aber niemanden verletzen.
Feuer sein,
aber niemanden verbrennen.

7

Weniger konsumieren, mehr lieben.
Weniger schlucken, mehr schmecken.
Weniger verschlingen, mehr genießen.
Mit weniger mehr Mensch sein.

8

Die Verkaufskanonen des Konsums
schmeicheln ihren Opfern so lange,
bis diese abgeschossen
und ausgeplündert dort liegen,
wo alle Blumen ausgeblüht haben.

DATEN

MÄRZ

9

Unsere schönsten Worte
können nicht sagen,
was ein kleiner Krokus erzählen kann
über den kommenden Frühling.

10

Das Verhängnis der Technokraten:
Sie denken, daß alles,
was technisch gemacht werden kann,
auch gemacht werden müsse.

11

Im Laufe der Jahrhunderte
haben Menschen den Namen Gottes
so schrecklich mißbraucht,
daß viele diesen Namen
nicht mehr hören wollen.

12

Die reichen Länder führen sich auf,
als ob der Reichtum der Erde
ihr Privateigentum wäre.

DATEN

MÄRZ

13

Was nützt reich sein,
wenn man doch
arm sterben muß.

14

In einer Gesellschaft,
die Egoismus und Habgier praktiziert,
bleibt der Ruf nach Zuwendung
zu den Armen und Schwachen
ewig aktuell.

15

Das Kreuz, das du trägst,
verlierst du unterwegs.
Das Kreuz, das du ablehnst,
liegt dir auf allen Wegen quer.

16

Unser Herz kann
wie ein kleiner Himmel sein,
aber es läßt sich in uns
auch eine Hölle einrichten.

DATEN

MÄRZ

17

Unsere Kultur christlich zu nennen
klingt wie ein Fluch.
Sie hat keine Botschaft mehr.
In ihr steckt kein Traum mehr.

18

An den Dingen kleben,
das ist es,
was den Menschen
Qualen macht.

19

Hier ist dein Herz,
und dort ist ein Mensch,
der dich braucht.

20

Wir sind berufen, Oase zu sein.
Eine Oase ist
ein Zeichen der Hoffnung am Horizont.

DATEN

MÄRZ

21

Ich glaube an das Gute in den Menschen,
so wie ich an den Frühling glaube,
wenn ich Weidenkätzchen blühen sehe.

22

Menschen enttäuschen Menschen,
schon im Mutterschoß.
Sei verläßlich.

23

Habgier macht süchtig.
Sucht vergiftet jeden Genuß.

24

Mit jedem guten Menschen,
der durch die Welt geht,
geht eine Sonne auf.

DATEN

___

___

___

MÄRZ

25

In der Ökonomie der Liebe
mußt du mehr geben,
als du besitzt.
Du mußt dich selbst geben.

26

Sünde ist nichts anderes
als das Zerbrechen
von lebendigen Beziehungen.

27

Wut ist ungesund.
Es schießt zu viel Adrenalin ins Blut.
Sei niemals auf zwei zugleich wütend.
Warte bis morgen . . .

28

Du bist mein Bruder nicht,
wenn ich in deiner Gabe
keine Freundschaft finde.

DATEN

MÄRZ

29

Wer gut ist,
hat gute Aussichten,
früher oder später
gekreuzigt zu werden.

30

Wir alle brauchen
Verständnis, Ermutigung
und Vergebung.

31

Laß alles, was in dir gestorben ist,
zu neuem Leben auferstehen.

DATEN

APRIL

s ist Frühling! Herrlicher Sonnenschein,
aradiesisches Grün, Vogelgezwitscher.
s hat sich gelohnt, Regen und Kälte zu ertragen.
omm heraus ins Freie, in die Natur,
u den Menschen. Öffne dein Herz
ür die Freude, für das Licht und das Leben.

APRIL

1

Das Wetter
hält die Wetterfrösche
manchmal zum Narren.

2

In jedem Schmetterling
wartet das Wunder,
um bewundert zu werden.

3

Wenn ich einen Menschen sehe,
und sei er ein gebrochener Mensch,
dann glaube ich an ein Wesen,
das größer ist als der Mensch.

4

Wunder geschehen bei Tagesanbruch.
Wenn Menschen am Morgen
das Herz eines Mitmenschen fühlen,
kommen sie zum Leben.

DATEN

APRIL

5

Einen Menschen heilen heißt
ihm den verlorenen Mut
wiedergeben.

6

Wer sich an kleinen Dingen
freuen kann,
wohnt in einem Garten
voller Seligkeit.

7

Trost ist,
wenn jemand dir
zärtlich zu verstehen gibt:
Du kannst so sein,
wie du bist!

8

Humor und Geduld
sind die Kamele, auf denen ich
durch alle Wüsten komme.

DATEN

APRIL

9

Ich kann nicht glauben
an das Nichts,
an das Sein ohne Sinn,
an die absolute Leere.

10

In jedem Blatt eines Baumes
steht neues Leben geschrieben.

11

Lerne leben mit einem Glück,
das aus vielen Teilen besteht.
Ein Stück fehlt stets am Glück.

12

Was nützt es dem Menschen,
wenn er die ganze Welt gewinnt
und sein Herz dabei verliert.

DATEN

____

____

____

APRIL

13

Deine Liebe und Treue
soll in tausend kleinen Dingen
zu sehen, zu greifen, zu spüren sein,
jeden Tag aufs neue.

14

Ein Dummer kann
mit dummen Fragen
einen Stolzen
zum Stolpern bringen.

15

Am Weg des Lebens warten Menschen
auf ein wenig Sonne,
auf einen Menschen so wie dich.

16

Die Armut unserer Zeit
ist der Mangel an einer Liebe,
die auch Lasten trägt.
Ehen zerbrechen,
Kinder verlieren ihr Zuhause.

DATEN

APRIL

17

Menschen suchen ihr Leben lang
ein Zuhause,
ein Herz und zärtliche Hände,
eine stille Gegenwart, die bleibt,
auch wenn es keine Worte mehr gibt.

18

Die Entdeckung des geistigen Lebens
öffnet dem Menschen
Wege in eine unbekannte Welt
voller Wunder.

19

Das ist möglich:
allein sein,
ohne einsam zu sein.

20

Das Kreuz ist eine Realität
in jedem Menschenleben,
aber immer weniger Menschen
sind damit vertraut.

DATEN

APRIL

21

Handarbeit ist ein einfaches,
natürliches und wirksames Mittel,
um Menschen seelisch zu heilen.

22

Die wesentlichen Dinge des Lebens
werden uns gratis gegeben.
Über sie können wir nur
mit Liebe verfügen.

23

Stirbt das Kind im Menschen,
so stirbt der Mensch
und sterben alle Träume.
Die Welt wird eine Wüste.

24

Je mehr ein Mensch
seine Bedürfnisse befriedigt,
desto bedürftiger wird er,
und desto schneller hat er alles satt.

DATEN

APRIL

25

Schau in die Augen eines Kindes,
und du siehst Gott.

26

Wer über andere herzieht,
sagt mehr über sich selbst
als über sein Opfer.

27

Ein Gramm Liebe
ist mehr wert
als aller Luxus.

28

Die ganze Natur spricht.
Aber wer kann hören?
Wer hat Augen, Ohren und ein Herz,
diese Sprache zu verstehen?

DATEN

APRIL

29

Wissenschaft und Technik waren fähig
zum Start in den Weltraum,
doch sie waren nicht fähig,
Menschen hier auf der Erde
glücklich zu machen.

30

Die Familie beginnt
in der Liebe von zwei Menschen.
Liebe gibt dem Menschen
die Geborgenheit eines Zuhause.

DATEN

MAI

Dazu sind wir geboren:
um geborgen zu sein
und Geborgenheit zu geben.
Fällt ein Vogel aus dem Nest,
so stirbt er.
Wird ein Kind nicht umarmt,
verkümmert es in der Kälte.

Menschen werden nicht einfach
in die Welt ausgesetzt.
Menschen werden
Menschen anvertraut
und in die Hand gegeben.
Sie brauchen Wärme und Liebe.
Ohne Liebe sind Menschen
nirgends zu Hause.

MAI

1

Nur die Optimisten
werden überleben.
Die Pessimisten
sind schon tot.

2

Leben heißt dankbar sein
für alles Gute,
das uns in Menschen und Dingen
jeden Tag gegeben wird.

3

Blumen gibst du nicht
mit deinen Händen,
sondern mit deinem Herzen.

4

Der technisch hochentwickelte Mensch
wird Opfer seiner eigenen Geschöpfe.

DATEN

____

____

____

MAI

5

Lerne die Namen der Blumen,
der Pflanzen und Bäume,
die Namen der Fische und Vögel
und den Namen Gottes.

6

Wo eine Blume wieder blühen kann,
werden eines Tages
tausend Blumen stehen.

7

Die wesentlichen Dinge des Lebens
werden uns gratis gegeben:
die Sonne und die Freundschaft,
das Licht und der Frühling,
das Lachen eines Kindes,
das Menschsein auf Erden.

8

Wenn jemand dich wirklich liebt,
kann das Haus einstürzen,
und immer noch hättest du
ein Zuhause.

DATEN

MAI

9

Glück kommt nicht per Postanweisung.
Glück wird nicht im Labor geboren.
Glück ist niemals
das Resultat eines Knopfdrucks.

10

Wenn Unheilspropheten
auf Optimisten treffen,
heißen sie plötzlich ganz anders:
Träumer, Spinner, Naive.

11

Im 21. Jahrhundert
wird dir ein Roboter angeboten,
der Guten Morgen sagt
und dir einen Kuß gibt,
weil dein Partner das nicht mehr macht.

12

Im tiefsten Wesen eines Kindes
haben zwei einmalige Menschen
ihr eigenes Leben niedergeschrieben,
unauslöschlich und für alle Zeit.

DATEN

MAI

13

Fahr nicht schneller
als dein Schutzengel.
Der hält dir nicht das Steuer,
wenn du wie der Teufel fährst.

14

Es gibt sehr viele Dinge,
über die braucht man nicht zu reden,
die muß man nur tun.

15

Wer mit einem Baum sprechen kann,
braucht nicht zum Psychiater.
Nur meinen die meisten Menschen
das Gegenteil.

16

Wenn die Arbeit, die du tust,
dir nur Geld bringt
und keine Lebensfreude,
bist du ein todarmer Mensch.

DATEN

MAI

17

Wenn man gemeinsam
nach oben schaut,
rückt der Himmel näher.

18

Warum zwitschert die Lerche
so lustig am Himmel?
Weil sie keine Miete zahlen muß.
Sieh in den Himmel und singe,
weil dir die Sonne umsonst scheint.

19

Wer sich dem Wesentlichen naht,
bekommt Augen,
um Unsichtbares zu sehen,
und Ohren, um Unerhörtes zu hören.

20

Kultur ist Entfaltung
von Geist und Herz,
daß Menschen menschlicher werden.

DATEN

MAI

21

Es gibt keinen Frieden in der Welt,
wenn es keinen Frieden gibt
in deinem und meinem Herzen.

22

Die Frau ist unentbehrlich,
um unsere Gesellschaft,
die gegen Arme und Schwache
so abweisend ist, umzugestalten
in ein liebevolles Zuhause für alle.

23

Das Glück eines Kindes
beginnt im Herzen der Mutter.

24

Was fehlt den Menschen,
daß sie so massenhaft süchtig werden?
Sucht ist nicht selten
verzweifelte Suche nach Sinn,
Schrei nach Antwort auf sinnvolles Leben.

DATEN

MAI

25

Immer mehr, immer größer:
Dieser Trend überall
führt zum Tod von allem,
was klein und schwach ist.

26

Der Mensch ist ein wandelndes Wunder,
einmalig, einzigartig,
durch nichts zu ersetzen.

27

Gott ist nicht der gute Mensch,
aber in jedem guten Menschen
kommt er uns nahe.

28

So wie eine Blume Sonne braucht,
um Blume zu werden,
so braucht ein Mensch Liebe,
um Mensch zu werden.

DATEN

MAI

29

Ich liebe den Psychiater,
der ein guter Mensch ist,
weil ein guter Mensch
bereits ein guter Psychiater ist.

30

Essen, wenn man Hunger hat.
Schlafen, wenn man müde ist.
Wandern in der freien Natur
und mit den Bäumen sprechen.
Das ist wunderbar und völlig gratis.

31

Die Schöpfung, die der Mensch,
so sehr mißhandelt,
hat Heimweh nach dem Schöpfer.

DATEN

JUNI

Wo eine Blume
wieder blühen kann,
da wachsen eines Tages
tausend Blumen.

Eine Blume braucht Sonne,
um Blume zu werden.
Ein Mensch braucht Liebe,
um Mensch zu werden.

In jeder Blume, die blüht,
sagt Gott,
daß er mich gern hat.
In allem, was lebt,
hat er eine Spur
seiner Liebe hinterlassen.

JUNI

1 Menschen brauchen im Leben
immer wieder einen Kummerkasten,
bei dem sie ihr Leid
einwerfen und loswerden.

2 Ich sagte einmal zu einem Baum:
„Was bist du für eine Pracht!"
Da sah er auf seine Wurzeln.

3 Die Wunder der ganzen Welt
lassen sich auffinden
im eigenen Garten.

4 Der erste Schlag,
der einem Menschen versetzt wird,
ist manchmal nur ein Wort.

DATEN

JUNI

5

Wer Zeit für Dinge hat,
die kein Geld bringen,
gilt als nicht ganz normal.
Aber ohne solche Verrückten
geht die Welt zum Teufel.

6

In der Stadt des Menschen
gibt es ein Elendsviertel.
Es ist ganz verwahrlost.
Es ist das menschliche Herz.

7

Ich kann nicht glauben,
daß das Leben ein Fluch ist,
der seit Jahrhunderten
Millionen von Menschen heimsucht.

8

Ein Engel ist jemand,
den Gott dir ins Leben schickt,
unerwartet und unverdient,
damit er dir, wenn es ganz dunkel ist,
ein paar Sterne anzündet.

DATEN

JUNI

9

Musik hört auf,
wo der Lärm beginnt.
Lärm ist
die Musik der Leere.

10

Unsere Lebens- und Denkweise
dreht sich viel zuviel um Materie,
alles ist voll davon.

11

Selig, wer wieder mit dem Rad
statt mit dem Auto fährt,
wer wieder in den Laden an der Ecke
statt in den Supermarkt geht.
Er wird wieder Menschen begegnen.

12

Viele Probleme, die heutzutage
die Psychiater beschäftigen,
lösen sich von selbst
mit einem ganz normalen Vater.

DATEN

___

___

___

JUNI

13

Die größte Lüge des 20. Jahrhunderts:
Man redet den Menschen ein,
es gäbe ein billiges Rezept
zum Glücklichsein.

14

Mensch sein!
Das einzig Wichtige in dieser Welt ist
ein guter Mensch sein.

15

Suche das Glück,
und du wirst es niemals finden.
Das Glück ist wie ein Echo.
Es antwortet dir nur,
wenn du dich selbst gibst.

16

Glaubende und Nichtglaubende
müssen viel Verständnis
füreinander haben.

DATEN

____

____

____

JUNI

17

Du kommst niemals in den Himmel,
wenn der Himmel
nicht in dein Herz kommt.

18

Liebe Natur, bleib uns nahe.
Du bist das Paradies,
wo wir mit den Blumen und Vögeln
über das Leben jauchzen.

19

Liebe heißt Menschen lieben,
nicht Systeme, Parteien, Strukturen.

20

Unsere Kultur stirbt an einem Fortschritt,
der die Menschen programmiert
und unfrei macht
von der Wiege bis zum Grabe.

DATEN

JUNI

21

In unserem Wirtschaftssystem
ist der Faktor Mensch
im Vergleich zum Geld unterbewertet.
Was zählt, ist Effektivität,
Rendite, Gewinn.

22

Wenn es keine Väter mehr gibt,
die wirklich Vater sein wollen,
gibt es morgen
keine Brüder und Schwestern mehr.

23

Jede Generation hat ein Recht
auf eine eigene Lebensgestaltung.
Darum müssen junge Menschen
mehr Chancen bekommen.

24

Such ihn nicht zu weit weg.
Dein Mitmensch, dem du helfen kannst,
wohnt nicht hinter sieben Bergen.
Dein Mitmensch ist hier.

DATEN

___

___

___

JUNI

25

Wenn ein Fisch in seiner Welt
auf Entdeckung geht,
ist das letzte, was er entdeckt,
das Wasser.

26

Glaube ist für viele ein Erbstück,
von Generation zu Generation vererbt
wie eine alte Uhr.
Sie ruft Erinnerungen wach,
aber sie tickt nicht mehr.

27

Die modernen Lebensverhältnisse
führen mit ihrer Unmenschlichkeit dazu,
daß Menschen sich abstoßen
und Lebensgemeinschaften sich auflösen.

28

Du kannst nicht leben
ohne jemanden, der dich gern hat,
der dich der Mühe wert hält.

DATEN

JUNI

29

Es wird so oft
von Einsparungen geredet.
Warum denken die Verantwortlichen
dabei niemals
an ihr eigenes Einkommen?

30

Wer nicht merkt,
daß es dunkel ist,
wird das Licht nicht suchen.

DATEN

JULI

Komm zu dir selbst,
komm zur Ruhe.
In der Stille
wohnt die Freude,
die im Streß verlorenging.

Nimm dir Zeit
zum Glücklichsein.
Zeit ist keine Schnellstraße
zwischen Wiege und Grab.
Vergiß nicht:
Jeder Tag wird dir gereicht
wie eine Ewigkeit,
um glücklich zu sein.

Heute ist der Tag
zum Glücklichsein.
Kein anderer Tag
ist dir gegeben,
um fröhlich zu leben
und zufrieden zu sein.

JULI

1

Ob der Urlaub Spaß macht,
liegt nicht am Geld, sondern an uns.
Das Fest der Ferien
muß nicht teuer sein.

2

Laß die Nörgler nörgeln,
laß die Schwarzseher schwarzsehen.
Laß uns ein bißchen glücklich sein
auf die allereinfachste Art.

3

Es gibt Menschen, die ihre Sorgen
immer und überall herumtragen.
Was sie auch sehen, sie sehen Sorgen.
Was sie auch hören, sie hören Sorgen.

4

Nur ein glücklicher Mensch
kann andere Menschen
glücklich machen.

DATEN

JULI

5

Humor ist ein guter Stoßdämpfer,
wenn es im Leben kracht.

6

Wer sich an den guten Tagen
richtig freuen kann,
steht auch an den schlechten Tagen
besser da.

7

Selig die Menschen,
die vernünftig sind
und anders leben.
Sie kommen mit weniger
viel weiter.

8

Menschen bringen es fertig,
ein Paradies der Natur
in einen Dreckhaufen zu verwandeln.

DATEN

___

___

___

JULI

9

Für einfache Menschen
sind kleine Freuden groß genug.
Sie können sie genießen.

10

Anders leben:
sich still der Wunder erfreuen,
die uns umgeben,
und ohne große Kosten glücklich sein.

11

Im Garten unterm Birnbaum liegen,
die Regenrinne streichen,
mit Kindern spielen, schöne Dinge tun,
die ein ganzes Jahr aufgeschoben wurden –
auch das kann Urlaub sein.

12

Sei mit deinem Wagen kein Waghals.
Pack Gewissen in den Tank.

DATEN

JULI

13

Wer die Sonne hat,
dem kann viel fehlen.

14

Meine Arme sind gerade lang genug,
um einen anderen zu umarmen.

15

Du kannst nicht fehlen.
Es gibt Menschen,
die brauchen dich.

16

Lachen ist gesund.
Denk an die Gesundheit,
vergiß das Lachen nicht!

DATEN

JULI

17

Echte Freunde legen sich nicht
gegenseitig an die Kette.
Das wäre der Tod der Freundschaft.
Freunde machen einander frei.

18

Ferien: Zeit für Freundschaft.
Zeit, einem Menschen
Gesellschaft zu leisten.
Zeit, sich zu freuen
an den Wundern der Natur.

19

Abtreibung ist Sterben im Mutterschoß.
Lebenszelle wird zur Todeszelle.
Der Ort des Lebens
wird zum Ort des Todes.
Für das Kind wird die Mutter zum Grab.

20

Sex ohne Herz und Verstand
hinterläßt Verwüstung.
Vom Sex Besessene sind
in der Liebe Frustrierte.

DATEN

___

___

___

JULI

21

Der Urlaub geht los.
Tausend Autos auf tausend Straßen
kriechen wie Schneckenhäuschen
nacheinander in die Ferne.
Erschöpfte Menschen, verdreckte Luft.

22

So viele Familien zerbrechen
an modernen Lebensformen,
die völlig sinnlos sind.
So verlieren viele ihr Zuhause.

23

Blumen blühen niemals lange,
aber sie nützen die ganze Zeit,
um schön zu sein.

24

Wir haben nicht nur Wasser,
Luft und Erde verschmutzt,
sondern auch das Wort,
die Beziehung von Mensch zu Mensch.

DATEN

JULI

25

Wer in der Wüste den Mut verliert,
kommt nicht weiter und stirbt.
Wer glauben kann an die Oase,
ist nicht verloren.

26

Leg dich in eine Wiese,
pfeife auf einem Grashalm,
schau in den Himmel,
genieße das selige Nichtstun.

27

Wo Menschen füreinander
in Liebe wieder Menschen werden,
öffnet sich der Himmel über der Erde.

28

Blumen blühen,
auch wenn keiner zuschaut.

DATEN

JULI

29

Die unsichtbare Wirklichkeit
ist viel spannender als die sichtbare.
Der Verstand kann sie nicht sehen.
Dafür sind die Augen des Herzens da.

30

Himmlisch wird die Erde,
wenn ihr miteinander
die tägliche Liebe feiert
und nicht müde werdet,
ihr Lager zu bereiten aus Blumen.

31

Wo Geist und Herz ausgetrieben werden,
bleibt nur noch eine leere Hülse,
eine schöne Oberfläche vielleicht,
aber dahinter ist kein Mensch mehr,
nur noch eine Leiche.

DATEN

AUGUST

Du bist wie ein Stern
vom Himmel gefallen.
Es ist kein zweiter so wie du.
Einzigartig bist du,
einmalig, ganz ursprünglich
und unwiederholbar.

Ich seh' Menschen gern,
das ist mein Hobby.
Meinetwegen mußt du nicht
ohne Fehler und vollkommen sein,
ich hab' dich doch gern.

Alles wird neu,
wenn wir auf Kinder schauen.
Ein Kind kann uns zeigen,
was in der Welt der Großen
so leicht vergessen wird:
das Wunder von allem, was lebt.

AUGUST

1

Ich sage jeden Tag zu Gott:
Du bist wunderbar.
Je mehr ich das sage,
desto mehr Wunder läßt er mich sehen.

2

Wir hören schöne Geschichten
vom Fortschritt.
Man redet von Lebensqualität
und meint Geld, Videos und Coca-Cola.

3

Was nützt das ganze Tempo,
wenn du doch anhalten mußt?
Was nützt der ganze Reichtum,
wenn du doch arm sterben mußt?

4

Es gibt großartige Menschen
in allen Parteien.
Schade, daß sie übereinander
so wenig Gutes sagen können.

DATEN

AUGUST

5

Eine liebevolle Geste
ist manchmal mehr
als ein ganzer Haufen
schöne Worte.

6

Der Materialismus im Osten
machte zahllose Menschen unglücklich.
Der Materialismus im Westen
ist auch nicht fähig,
Menschen glücklich zu machen.

7

Die schönste Schlingpflanze
kann den stärksten Baum erwürgen,
sie braucht ihn nur jahrelang
zärtlich zu umarmen.

8

Mach dich zum Leben auf. Lebe!
Tanze, wenn die Sonne scheint,
und pfeife, wenn es regnet.
Und du wirst spüren:
Wir sind gemacht für die Freude.

DATEN

AUGUST

9

Zeit ist Geld.
Diese Lüge kostet die Menschen
Herzinfarkte.

10

Menschen, Tiere, Bäume,
alle atmen dieselbe Luft
und leben von derselben Erde.
Jeder Anschlag auf die Natur
ist ein Anschlag auf den Menschen.

11

Versöhnung ist der einzige Schlüssel,
durch den sich Türen,
die lange verschlossen waren,
wieder öffnen.

12

Eine Kette ist so stark
wie ihr schwächstes Glied.
Erst, wo die schwachen Menschen,
die sich nicht verteidigen können,
wichtig werden, sind alle wichtig.

DATEN

___

___

___

AUGUST

13

Geborenwerden und Sterben
gerät in den Griff einer Technologie,
die keine Ahnung hat
vom Geheimnis des Menschen.

14

Sonniger leben, fröhlicher leben.
Wann hören wir wieder
Menschen auf den Straßen singen?

15

Die Mutter ehren:
nicht nur an einem Tag,
sondern an allen Tagen
in deinem Leben.

16

Ich staune immer darüber,
daß es Vögel gibt,
die in einem Käfig gefangen sind
und trotzdem singen.

DATEN

AUGUST

17

Die Lebenswelt der Kinder
wird durch die Lebensweise der Großen
immer mehr bedroht.

18

Mürrisch-ängstliches Grübeln:
Die eigenen Sorgen werden gehätschelt,
jeden Tag bewundert und umarmt.
So gedeihen sie prächtig
und werden nie kleiner.

19

Ich wünsche dir
den Mut der Morgensonne,
die jeden Tag aufs neue aufgeht,
auch wenn es auf der Erde
übel aussieht.

20

Gott ist der tiefere Zusammenhang
von allem, was lebt und atmet.
Ohne ihn beginnt der Auflösungsprozeß,
das Zerbrechen von Lebensverbindungen.

DATEN

AUGUST

21

Menschen können Träume haben
und Erfahrungen,
für die es keine Worte gibt.

22

Niemand ist so gut
wie in seinen besten Augenblicken,
und niemand ist so schlecht
wie in seinen schlechtesten Augenblicken.

23

Wege des Friedens
gehen nicht
über Straßen der Gewalt.

24

Wenn du jahrelang verheiratet bist,
können Alpträume qualvoll werden,
wenn ein Bruch entsteht
und Nacht durch die Risse dringt.

DATEN

___

___

___

AUGUST

25

Finsternis kann man nicht
mit Finsternis vertreiben.
Das kann nur das Licht.
Haß kann man nicht mit Haß heilen.
Das kann nur die Liebe.

26

Komm zur Ruhe, geh in die Stille.
Hier wohnen die tiefen Freuden,
die in Hetze und Lärm
den Menschen verlorengingen.

27

Christen sind aufgerufen,
die liebsten Menschen der Welt zu sein.

28

Lebe mit dem Herzen eines Kindes,
das über das Fischlein im Bach jauchzt,
das nach den Sternen fragt,
wer sie angezündet hat,
und dich mag, weil du pfeifen kannst.

DATEN

AUGUST

29

Nie stand dein Name in der Zeitung.
Nie ließen sie dich vorgehen,
wenn du in der langen Schlange standst.
Kleiner Mensch, für mich bist du groß!

30

In die ganze Natur
ist eine Liebe eingebaut.
Man muß dafür nur Augen haben.

31

Trost: das sanfte Gesicht von einem,
der deine Tränen versteht,
der deinem gepeinigten Herzen zuhört,
der in deiner Verzweiflung bei dir bleibt,
der dir ein paar Sterne zeigt.

DATEN

SEPTEMBER

Das Heimweh nach dem verlorenen Paradies
ist dem Menschen ins Herz geschrieben.
Menschen sind ihr Leben lang auf der Suche
nach dem Strom, der ans andere Ufer trägt,
nach dem endgültigen Zuhause.
Die Liebe ist das Haus, in dem wir ewig wohnen.

SEPTEMBER

1

Ein junger Mensch ist mehr
als ein Computer,
der gefüttert werden muß.
Leben lernen
ist die höchste Wissenschaft.

2

Erziehen heißt
jungen Menschen die Augen öffnen
für das große Geheimnis von allem,
was lebt und atmet.

3

Aufmerksamkeit für die Kleinen
ist die erste Stufe zu Einsicht und Liebe.
Schulen ohne Herz
haben keinen Verstand.

4

Links: Menschen. Rechts: Menschen.
Überall Menschen.
Warum die Menschen einteilen
in Gute und Böse, Rote und Schwarze,
Linke und Rechte?

DATEN

SEPTEMBER

5

Lärm, eins der größten Umweltprobleme.
Lärm ist asozial.
Lärm tyrannisiert und terrorisiert.

6

In dieser Welt wird sich nichts ändern,
wenn sich nicht
das Innere des Menschen ändert.

7

Laß dein Auto einmal stehen,
und mach's dir zu Hause
mit deinen Lieben gemütlich.
Mach das Fernsehen aus, um selbst
zu spielen, zu plaudern, fröhlich zu sein.

8

Herrlich ist der Apfel,
an dem der Apfelbaum
eine ganze Saison lang gearbeitet hat.

DATEN

SEPTEMBER

9

Der Mensch ist ein Verlierer.
Man möchte eine glückliche Stunde,
einen schönen Tag festhalten,
aber man verliert, man muß abgeben,
jeden Abend den Tag loslassen.

10

Wer alles loslassen kann,
leidet unter dem Verlust von nichts.

11

Der Mensch ist mehr als Materie,
mehr als eine komplizierte Zellstruktur.
Der Mensch ist Geist,
sein Körper ein beseelter Leib.
Wir brauchen Durchbruch des Geistes.

12

Vergessen können
ist manchmal wichtiger
für ein Menschenherz
als ein gutes Gedächtnis.

DATEN

SEPTEMBER

13

Von Abtreibung bis Euthanasie
hängt alles zusammen
mit dem Abstoßen von Menschen.

14

Wenn für eine Ideologie
ein einziges Kind sterben muß,
diese Ideologie sei verflucht.

15

Untreue und Mangel an Liebe
macht Menschen massenhaft
zu Opfern voneinander.

16

Bei wem sich alles um die Kasse dreht,
der hat vielleicht etwas im Sack,
was er vor anderen verbergen will.

DATEN

SEPTEMBER

17

Wer Menschen zu Feinden macht,
kann nicht mehr mit ihnen reden,
kann nicht mehr mit ihnen leben,
er kann nur noch gegen sie kämpfen.

18

Von giftigen Worten
und schlechter Laune
bleibt uns nichts
als Zank und Streit.

19

Alle Worte und Begriffe von Gott
bleiben dunkel und unverständlich,
bis du Gott erfahren hast.

20

Frag die Sterne, warum es Nacht ist.
Wenn du lange genug lauschst,
bekommst du vielleicht eine Antwort.

DATEN

SEPTEMBER

21

Die Sonne geht an keinem vorbei.
Sie läßt auch dich nicht liegen,
wenn du dich nicht
im Schatten verkriechst.

22

„Keine Nachrichten – gute Nachrichten“,
sagen die Menschen.
„Gute Nachrichten – keine Nachrichten“,
sagen die Medien.

23

Die Nachrichten von heute
sind übermorgen uralt.

24

Warum sucht man nach Leben
auf fernen Planeten,
wenn Millionen Menschen auf der Erde
kein menschenwürdiges Leben haben?

DATEN

SEPTEMBER

25

Der größte Halunke
kann Minister oder Präsident werden,
wenn er die Zeitungen
und das Fernsehen hinter sich hat.

26

Werde immun
gegen das süße Gift der Reklame.
Trittst du in ihr Paradies,
platzt es wie eine Seifenblase.

27

Wahre Liebe
macht nichts entzwei.

28

Um glaubwürdig zu sein,
muß unserem Wort
unsere Tat folgen.

DATEN

SEPTEMBER

29

Immer wenn das Denken
vom Herzen abgekoppelt wird,
gerät es in den Dienst
von Geld und Macht.

30

Wo auf Erden
ist das Leben noch sicher,
wenn es nicht mehr sicher ist
im Mutterschoß?

DATEN

OKTOBER

In vielen alten Menschen
schlummern kostbare Schätze.
Man muß sie nur entdecken.
Du wirst staunen
über ihren Humor, ihre Ruhe,
ihre Lebensweisheit,
den Frieden ihres Herzens.

Zufriedenheit, Freude, Glück
fallen dir nicht in den Schoß.
Aber du bekommst sie gratis,
wenn du deine Müdigkeit
überwindest und selbst
etwas in die Hand nimmst.

Es gibt so viele Bäume,
so viele Vögel und Blumen,
so viele Wunder um uns,
die nur darauf warten,
einen Menschen zu heilen
von seiner Traurigkeit.

OKTOBER

1

Wasser ist Leben.
Liebe ist lebendiges Wasser,
das alle Wüsten
fruchtbar machen kann.

2

Auf dem Gipfel
von Wohlstand und Konsum
stirbst du als Mensch.

3

Ein Zuhause auf Erden
ist ein grundlegendes Menschenrecht
vom Mutterschoß an.

4

Länger schlafen, aber lieber nachts.
Wer morgens schläft,
verschläft des Lebens schönste Zeit.

DATEN

______

______

______

OKTOBER

5

Selig sind, die alle bitteren Worte
aus ihrem Mund entfernen
und mit ein bißchen Humor
Dornen in Rosen verwandeln.

6

Die Gefahr, die uns bedroht,
ist der Mensch, der Supermensch,
der denkende Roboter
des 21. Jahrhunderts.

7

Wir treffen jeden Tag Herrn Ich.
Er sagt immer: Ich, ich, ich.
Herr Ich ist voll von sich.
Wer voll ist von sich selbst,
ist im Grunde leer.

8

Wo Kinder nicht willkommen sind,
wo Kinder nicht spielen können,
gehen große Menschen
vor lauter Einsamkeit zugrunde.

DATEN

OKTOBER

9

Wer nichts zu sagen hat,
gibt sich manchmal die größte Mühe,
seine Leere in den Medien
zur Schau zu stellen.

10

Mit Gewalt gewinnt nicht,
wer recht hat,
sondern immer der Stärkste.

11

Wir brauchen Rückgrat,
um durchzuhalten, wo andere aufgeben,
um aufrecht und geradeaus zu gehen,
den eigenen, freigewählten Weg.

12

Das Land ist gut regiert,
das gut ist
zu den Armen und Schwachen.

DATEN

OKTOBER

13

Man kann das Böse
nicht mit Gutem vergelten,
wenn man in der Hand
eine Waffe hält.

14

Ein Zuhause findest du nicht
bei einem anonymen Kollektiv,
das unpersönlich funktioniert.
Ein Zuhause findest du nur dort,
wo ein Herz für dich schlägt.

15

Menschliche Größe
heißt manchmal:
Mit ein wenig Herz
seine Pflicht tun.

16

Mit Menschen kann nur umgehen,
wer sie gern hat.
Suche in jedem Gesicht
den Menschen.

DATEN

OKTOBER

17

Gewalt ist die schlechteste Antwort
auf die schweren Probleme dieser Zeit.

18

Um glücklich zu sein,
ist es nicht wichtig,
mehr zu besitzen,
sondern weniger zu begehren.

19

Das Bild von Ehe und Familie,
das täglich durchs Fernsehen kommt,
ist meistens ein Bild
des Zerbrechens und Scheiterns.

20

Bei jedem Konflikt ist die erste Waffe
ein Wort, das wie ein Stich
ins Herz stößt.

DATEN

OKTOBER

21

Die Kultur des Herzens
ist die Basiskultur des Menschen.
Wem diese Kultur fehlt,
dem fehlt jegliche Kultur.

22

Die Konsumgesellschaft entstand
aus dem Glauben
an das große Dogma der Reklame:
Alles ist mit Geld zu haben.

23

Wenn einer gebrochen ist,
todmüde und mutterseelenallein,
in einer Nacht ohne Sterne,
dann suche nicht nach großen Worten,
eine kleine Geste genügt.

24

Es gibt gute und schlechte Tage.
Die guten gehen vorbei.
Wir finden das jammerschade.
Aber die schlechten gehen auch vorbei.
Warum tröstet uns das nicht?

DATEN

OKTOBER

25

Alles in der Welt
kannst du verändern,
nur andere Menschen nicht.
Das können nur sie selbst.

26

Wenn du dem Schlaf
nicht genügend Zeit gönnst,
bleibt er am Ende entmutigt aus.
Dann kaufst du Tabletten für die Ruhe,
die der Schlaf dir gratis gab.

27

Wer nichts mehr bewundern kann,
erlebt niemals ein Wunder.

28

Glückliche Menschen
sind niemals
gefährliche Menschen.

DATEN

OKTOBER

29

Ein zufriedener Mensch
ist ein Engel,
der die Sonne ins Haus bringt.

30

Wenn alles dunkel wird,
zündet Gott die Sterne an,
um uns durch die Nacht zu führen.

31

Jeder gesunde Humanismus
lebt von gegenseitiger Wertschätzung
und Verträglichkeit.

DATEN

NOVEMBER

Warum so viel Aufregung, warum so empfindlich?
Humor macht viele Dinge relativ.
Was riesengroß erscheint, wird lächerlich klein.
Was furchtbar schwer aussieht, verliert seine Last.
Humor ist ein guter Stoßdämpfer im Leben.

NOVEMBER

1

Suche die Heiligen
nicht oben bei der Elite,
sondern unten
bei gewöhnlichen Menschen.

2

Der Tod: eine Grenze,
die so nahe ist,
und doch kann kein Mensch
über sie hinüberschauen.

3

Zähle im Alter
nicht mehr die Jahre,
sondern die Tage,
und die doppelt.

4

Glaube so stark an das Leben,
daß selbst der Tod
dich nicht vom Leben trennen kann.

DATEN

___

___

___

NOVEMBER

5

Menschen werden der Gehirnwäsche
durch die Medien ausgesetzt.
Die Reaktionen werden reduziert,
die Widerstandskraft geht verloren.
Alles wird geschluckt.

6

In der Ehe gibt es
so viele überraschende Probleme,
so viele unvorhergesehene Umstände,
daß man, wenn man will,
immer einen Scheidungsgrund findet.

7

Der Staat kann keine Kranken besuchen.
Die Strukturen können nicht
mit einem Behinderten spazierengehen.
Aber du!

8

Zu viele Christen sehen so aus,
als ob das Christentum
in Konkurs gegangen wäre,
als ob man sie damit betrogen hätte.

DATEN

NOVEMBER

9

Um Gott nahezukommen,
um in sein Geheimnis einzutreten,
mußt du bereit sein,
alles loszulassen.

10

Das Problem des Elends in der Welt,
der Unterentwicklung ist unlösbar,
nicht weil es an Mitteln fehlt,
sondern an menschlicher Solidarität.

11

Freundschaft
gibt deinem Herzen Flügel
am Abend des Lebens.

12

Ich werde mich niemals damit abfinden,
daß Unschuldige qualvoll sterben
mit der einzigen Aussicht auf ewigen Tod.
Es muß ein Zuhause für Menschen geben,
die auf Erden kein Zuhause fanden.

DATEN

NOVEMBER

13

Wir gehen zugrunde
an kollektiver Habgier.
Sie steht in gar keinem Verhältnis mehr
zu dem, was wir wirklich brauchen.

14

Sag Gutes über ihn
nicht erst an seinem Grab.
Schenk ihr deine Blumen,
bevor sie tot ist.

15

Habt euch liebend gern.
Wenn das weltweit zur Praxis wird,
beginnt die größte Revolution
aller Zeiten.

16

Die Meere sind nicht tief genug,
um den Müll der Menschen zu schlucken.
Die Verschmutzung erreicht die Sterne.
Die Erde, ein sterbender Planet,
der Dreckeimer am Eingang des Weltalls.

DATEN

NOVEMBER

17

Dein Leben wird dir zugeteilt
vierundzwanzigstundenweise.
Jeder Tag wird dir gereicht
wie eine Ewigkeit,
um glücklich zu sein.

18

Du sollst Vater und Mutter danken.
Nicht, sie abdanken lassen.

19

Wir dürfen Europa nicht
tatenloser Geschwätzigkeit überlassen.
Wir dürfen Europa nicht
teurer Bürokratie ausliefern.

20

Nicht geringeres Wirtschaftswachstum
bringt die Armen
um ihren Anteil am Wohlstand,
sondern die Macht der Gutverdienenden,
die immer mehr fordern.

DATEN

NOVEMBER

21

Wo Menschen in Liebe
miteinander und füreinander leben,
ist auch das ärmste Haus
ein gemütliches Zuhause.

22

Der Tod ist der ewige Spielverderber.
Die Angst vor dem Tod
geht Hand in Hand
mit der Freude am Leben.

23

Sei liebevoll,
damit es für den anderen
kein Kunststück ist,
dich liebzuhaben.

24

Sag es weiter mit tausend
kleinen Aufmerksamkeiten,
jeden Tag aufs neue:
Mensch, ich hab' dich gern.

DATEN

NOVEMBER

25

Genießen ist ein Segen,
Genußsucht eine Sklaverei.

26

Menschen leben wie betäubt.
Nach Sinn wird nicht gefragt.
Menschen gieren nach Show,
nach der täglichen Show der Leere.

27

Die Rechte des Kindes.
Eine Herausforderung
an eine todmüde Gesellschaft.
Sich über ein Kind freuen heißt
sich über das Leben freuen.

28

Geteiltes Brot
schmeckt besser.

DATEN

NOVEMBER

29

Einfache Menschen sind oft
wunderbare Menschen.
Sie versöhnen dich mit dem Leben
und machen die Welt bewohnbar.

30

Sorgen umklammern dich.
Sie schnüren dir die Luft ab.
Sie legen sich bleischwer auf dein Herz.
An solchen Tagen brauchst du Geduld,
viel Geduld, auch mit dir selbst.

DATEN

DEZEMBER

Die Nacht kann nicht
so dunkel sein,
daß nicht irgendwo
ein Stern zu finden wäre.
Die Wüste kann nicht
so trostlos sein,
daß nicht irgendwo
eine Oase zu entdecken wäre.

Versöhne dich mit dem Leben,
wie es nun einmal ist.
Irgendwo bleibt uns
immer eine kleine Freude.
Es gibt Blumen,
die blühen selbst im Winter.

DEZEMBER

1

Wer die Welt erwärmen will,
muß ein großes Feuer in sich tragen.

2

Die Not anderer ausnützen
ist die gemeinste Form
von Ausbeutung.

3

Die Zeiger der Uhr:
Sie fliegen für den, der lacht,
sie kriechen für den, der wartet.

4

Gott wartet auf Menschen,
um seine Liebe auf Erden
sichtbar und spürbar zu machen.

DATEN

DEZEMBER

5

Menschen huldigen dem Fernsehkult.
Sie starren in das Schlüsselloch,
durch das man die Welt sehen
und die eigene Welt vergessen kann.

6

Lieber ein Zuhause
als ein Luxushaus.

7

Das kleinste Blümchen,
mit warmem Herzen gegeben,
erzählt eine schöne Geschichte.

8

Wahre Liebe hast du erst,
wenn dir das Leid der anderen
Schmerzen bereitet.

DATEN

___

___

___

DEZEMBER

9

Leben heißt Menschen und Dinge
umarmen und wieder loslassen,
nichts und niemanden besitzen wollen
und über jeden Stern jauchzen,
der vom Himmel fällt.

10

In jedem Gequälten dieser Welt
werden die Menschenrechte geschändet,
die Diktaturen verflucht,
schweigende Tatenlosigkeit angeklagt.

11

Hab die Menschen gern,
wie sie sind.
Es gibt keine anderen.

12

Laß dich vom Überfluß heilen.
Laß dich entschlacken,
um körperlich fit
und geistig gesund zu werden.

DATEN

___

___

___

DEZEMBER

13

Die letzten Freuden des Lebens
sind stiller,
aber tiefer und erfüllter.

14

Die schönste Gabe ist Vergebung.
Wo man nicht vergeben will,
entsteht sofort eine Mauer.
Mit einer Mauer fängt das Gefängnis an.

15

Es ist wie ein ökonomisches Gesetz:
Erst werden die Schwachen
von den Starken ausgeplündert,
dann werden sie an der Tür
der Sozialeinrichtungen abgeliefert.

16

Die Armen werden es den Reichen
kaum verzeihen können,
daß die Satten sie hungern ließen,
während sie selbst
Abmagerungskuren machten.

DATEN

____

____

____

DEZEMBER

17

Glücklich die Menschen,
die frei von Ängsten und Begierden
an den Grenzen des Lebens
einander Geborgenheit schenken
in einer stillen, tiefen und treuen Liebe.

18

Hänge dein Leben an einen Stern,
dann kann selbst die Nacht
dir nicht schaden.

19

Die Welt kann man nicht
mit Gewalt verändern,
sondern mit ein wenig mehr Herz.

20

Laßt uns Menschen sein,
ganz einfach Menschen.
Keine Knopfdrücker, keine Kopfnicker.
Menschen mit Gespür für die Werte,
die in der Konsumgesellschaft starben.

DATEN

___

___

___

DEZEMBER

21

Die Gewalt der Armen
ist wie die Gewalt eines Grashalms,
der eine Asphaltschicht durchbricht,
um Licht und Luft zu finden
und leben zu können.

22

Das Fest – eine Oase
auf dem langen Lebensweg.
Aber es stirbt an Maßlosigkeit,
an Pflichtgeschenken
und Anwesenheitszwang.

23

Wer sich selbst vergessen kann,
vergißt auch seine Sorgen.
Wenn ich von den Sorgen eines anderen
wieder zu den eigenen zurückkomme,
sind diese immer viel kleiner geworden.

24

Alle Gewalt verweigern,
auf allen Wegen der Menschen
mit behutsamen Händen Wunden heilen
und das Wort Frieden
über die Erde schreiben.

DATEN

____

____

____

DEZEMBER

25

Weihnachten heißt:
Unser kalter Planet wird wieder warm.
Eine ungeheure Liebe
kommt leise zum Durchbruch.

26

Ein guter Mensch
ist ein Stern für jene,
die das Licht nicht finden.

27

Menschen geben einander Namen,
und es gibt einen Namen,
der dir lieber ist als alle anderen.
Du bist bei jemandem zu Hause.

28

Wo Menschen zusammen sind
in Freude und Freundschaft,
ist das gemeinsame Essen und Trinken,
und mag es noch so einfach sein,
immer ein Fest.

DATEN

DEZEMBER

29

Die Kultur des Herzens
ist eine Kultur,
die den Menschen
von innen her verändert,
frisch und fröhlich und neu macht.

30

Vergiß dein Alter,
und laß die Freundschaft
wie einen guten Wein sein,
der mit den Jahren besser wird.

31

Halte die Jahre fest
im Netz deiner Erinnerung.
Vor allem: Vergiß die schönen Tage nicht,
denn wenn du sie vergißt,
kehren sie niemals wieder.

DATEN

Übertragung aus dem Niederländischen: Ulrich Schütz
Gestaltung: Erich Priester

Bildnachweis: Januar: Müller-Güll/BAVARIA; Februar: After Image/BAVARIA; März: Paul Barton/ZEFA; April: Achim Sperber; Mai: Barry Lewis/TSW; Juni: Hans Reinhard/BAVARIA; Juli: M. Morgan/BAVARIA; August: Achim Sperber; September: O. Rogge/ZEFA; Oktober: Achim Sperber; November: Peter Lamberti/TSW; Dezember: Matheisl/BAVARIA; Umschlagvorderseite: Hans-Joachim Krantz; Umschlagrückseite: Manfred Backhaus.

Reproduktionen: Schaufler, Freiburg i. Br.
Herstellung: Freiburger Graphische Betriebe 1991
ISBN 3-451-22440-2

„Bund ohne Namen"

So heißt die Bewegung für mehr Menschsein in der modernen Welt, für mehr Herz im menschlichen Zusammenleben, die Phil Bosmans 1959 in Antwerpen gründete. Die Lebensnähe und die Botschaft seiner Bücher hängen aufs engste mit dieser Bewegung zusammen. Dem „Bund ohne Namen" gehören heute allein in Belgien etwa 270000 Menschen an, er ist auch in anderen europäischen und außereuropäischen Ländern verbreitet. Immer geht es um eine veränderte Lebenseinstellung, einen neuen Lebensstil, eine „Kultur des Herzens" sowie um konkrete Hilfe für Menschen in Not.
Seit 1988 gibt es den „Bund ohne Namen" auch in Deutschland. Im ersten Rundschreiben, „Hebelkarte" genannt, heißt es: „Beim ‚Bund ohne Namen' werden die Menschen nicht in Schubladen gesteckt, weder in rechte noch in linke. Wir sind gewöhnliche Menschen aus allen Altersstufen, sozialen Schichten, Berufsgruppen, und wir sind über alle weltanschaulichen Grenzen hinweg vor allem Menschen. Wir wollen, daß diese Welt bewohnbar bleibt – mit einem menschlicheren Gesicht. In diese Welt gehört mehr Herz: mein eigenes!"

Wer an näherer Information
interessiert ist, wende sich an:

„Bund ohne Namen"
Postfach 65
D-7086 Neresheim